SV

Norbert Elias

Los der Menschen

Gedichte
Nachdichtungen

Suhrkamp Verlag

Zweite Auflage 1987

Druck: MZ-Verlagsdruckerei GmbH, Memmingen
Printed in Germany

Für Renate
in Leid und Freude

die schöne deutsche Sprache
hat vielerlei Musik

Die Gedichte dieses Bandes stammen aus verschiedenen Lebensaltern und so auch, da ich lange lebe, gewissermaßen aus verschiedenen Zeitaltern. Meine Lebensumstände gaben mir wenig Möglichkeiten, Verse in meiner Muttersprache zu veröffentlichen. Daher diese Spätlese. Daher auch die Nachdichtungen und einige anderssprachige Gedichte, Vorgeschmack Europas.

Die Vielgestaltigkeit dieser Gedichte ist offenbar. Manchmal diktierte die Stimmung oder die Gelegenheit die Form, manchmal die Musik der Worte das Gedankenbild und umgekehrt. Jedenfalls sind sie Stimmen im Gespräch, niedergeschrieben in der Hoffnung, mit anderen Menschen die Freude zu teilen oder auch Kummer, Verzweiflung, Heiterkeit und Gelassenheit.

Das bewegte Bild mancher Gedichte soll keine Vorschrift dafür geben, wie die Musik der Verse zu verstehen ist, nur deutlicher machen, daß man nach ihr suchen, sie auch beim Lesen hören kann.

Die Herausgabe dieses Bandes geschah in enger Zusammenarbeit mit Henriette Beese und Michael Schröter. Ohne ihre freundschaftliche Hilfe wäre sie kaum möglich gewesen. Ich möchte ihnen meinen herzlichen Dank aussprechen.

manchmal an Regentagen
ist es schwer
die Hand zu heben
man vermag nicht mehr
den Fuß zu rühren
um zu gehen
Stirn und Mund sind leer
man hört die Zeit an sich vorüberwehen
man sitzt bei sich
in nichts gespannt
und will
und nichts gehorcht
nichts rührt sich
still
sind Arm und Bein
man spürt sich
als Fremdes
als ein sehr gebeugtes
Tier
das zum Ende will

grundlos
wie man aus fremder Lust herauf
grundlos
zu Tage steigt
und nimmt den eignen Fremden
mit in Kauf
sich selbst den Widersacher
grundlos
neigt
sich dem Gebot
und nimmt es auf

so
grundlos
kommt die Leere
Grund darauf
der nächste Schritt gebaut
versinkt
die Nebel ballen
sich vor dem Ziel
nach dem der Lauf
man fällt ins Leere
und man läßt sich fallen
grundloses Spiel
man läßt sich fallen
und man fängt sich auf

Kinderspiele

I

Wir wolln spazieren gehn und Drachen steigen lassen
das hat schon mancher gedacht
Aber da sitzen immer die Eltern beim Tisch
unter der heiligen Standuhr
und murmeln ihr bedrohliches
wischpetisses
wischpetissesdenn?
und der Vater hat schon den Zylinderhut auf den Tisch gestellt
den Tod zu begrüßen
standesgemäß

Aber der Alte
mit seinem Besen
kehrt vorüber und sagt nichts
wenn ihr nicht warten könnt
zieht euren Hut und fragt ihn
wischpetisses
wischpetissesdenn?
fragt ihn doch wann er wieder kehrt

II

Da haben wir eine Verbeugung gemacht
wie man es uns gelehrt hat
und sind zu Tage
rasch
durch die vermauerte Tür
über den Zaun
durchs Wacholdergebüsch
bei den Wiesen wo die Ranunkeln blühn
hinauf zu den weißgesprenkelten Birken

Und haben mit Eidechsen Fangen gespielt
und den Erdmännchen eine Möhre gebracht
und die Drachen wurden wieder zahm
höher und höher stiegen sie im Winde
grüngeschuppt
feuerrot
wie züngelnde Flammen gelb
füllten sie den Himmel
und kamen schaukelnd im Winde
wieder zur Erde herab
und alle Schrecken verloren sich

III

Das ist der Fürchtegott
drüben auf dem Felde
der scheucht die Vögel
wie geflügelte Ängste auf
mit flatternden Ärmeln
der wehende Totenrock
hängt ausgestreckt am hölzernen Kreuzgerüst
unter dem leeren Zylinderhut
und die versammelten Raben
in schwarzen Talaren
hüpfen von Furche zu Furche
die Flügel gespreizt und verneigen sich
und krächzen ihr bedrohliches
Essis schpet Essis schpet

Aber er steht stumm
und ungerührt auf seiner Erde
bis ein Wind am zerfledderten
Rock zerrt und zupft
ein Grabmal
aufgestellt
daß man das Fürchten lernt
Eltern und Ältereltern
warten unter der Erde
daß ihr nach Hause kommt
Essis schpet Essis schpet

IV

Kleine Kiesel rollen die Dünen entlang
Kühe sind geduldig   sie kauen hörst du?
Faß sie nicht an
Die Luft ist voll von Sonne
Warum rennst du denn?
Der Sand ist warm   Wir wollen niedersitzen
Hörst du wie der Wind weht
Komm   hier ist niemand

Was hast du unter der Bluse, Anna
Laß mich fühlen wie warm deine Brust ist, Anna
Deine Haut ist weicher als der Sand
Fühl meine   Ich bin brauner als du
Was denkst du wenn du lächelst?
Dein Herz geht auf und ab   Wie warm es ist
Niemand ist hier   Sieh dich nicht um, Anna

Das ist nur der Fürchtegott
drüben auf dem Felde
den haben sie aufgestellt
daß man das Fürchten lernt
warum willst du denn aufstehn
wie schnell dein Herz schlägt
komm und fürchte nicht
der Sand ist weich
warm sind die Lippen
die Zeit vergeht nicht mehr
alle Uhren sind tot

V

Wir wolln die Uhren begraben
hier im Sande daß sie niemand mehr hören kann
als die Ältereltern
unter dem Riedgras
unter dem Winde
unter den zeitlosen Tieren
Schaufle schaufle
daß man sie nicht mehr hören kann

Die Uhren werden begraben
horch wie sie brummeln und drohn
was können sie tun
sie ärgern sich sie ärgern sich
Die Uhren werden begraben
die Raben werden verscheucht
und niemand kann mehr sagen
wischpetessis wischpetessis

Wir haben die Uhren begraben
daß man sich wieder hören kann
hier im Sande
unter dem Riedgras
unter dem Winde
unter den zeitlosen Tieren
die gehn und kommen Kälber werden Kühe
und Kühe Kälber
und Ältereltern werden Töchter und Söhne
und Sonne kommt und geht
ein guter Morgen voll von Korngeruch
ein heißer Mittag wenn der Leib
satt ist der Sonne
lau ist der Abend wenn der Himmel
in Schatten fällt

VI

komm
komm in die Runde
die Raben sind verflogen
die Uhren sind begraben
die Zeit ist still
kleine Sandmänner rollen die Dünen entlang
der Wind streichelt das Riedgras
wie schnell dein Atem geht
fühl meine Hand und fürchte nicht

Totentänze

Vorkrieg

Dies ist es nicht daß uns Gesichte fehlen
der nahen Sintflut Anhauch   und der Raum
der Zähne uns nicht hinreicht zu erzählen
wie ohne Zuflucht und geheim den Traum

und das Vergehen ohne Trost   Allein
an das Wahrscheinliche auch nur zu denken
würgt uns den Atem und aus Furcht zu schrein
verhalten wir den Mund gedämpft und senken

hastig die Augen wenn die Angst dem Schein
der gleichen Angst begegnet   abzulenken
die äußern Worte   denn so allgemein
ist in uns Grauen vor dem großen Henken

so ausweglos verstrickt sind   zu befrein
so ratlos wir daß von Kadaverbänken
ringsum schon Vorgeruch   und daß die Pein
Gesichte lebend auflöst   und Gelenken

wie Lähmung einwohnt   und wie Fraß den Seelen
und dies ist unsres Schicksals schlimmste List
daß wir der Tode Anbruch die uns quälen

fast wünschen müssen statt der Galgenfrist
und daß die Träume selbst uns Mord befehlen
und daß Vernichten unsre Hoffnung ist

Flieger

Das Haupt gesenkt
die Häuser fallen in Trümmer
die schamlosen Leichen
liegen in Haufen
besudelt von Schmutz
die fröhlichen Flieger
surren durch den leeren Himmel
heimwärts
zu Wein und Karten
und waschen sich die Hände

Die Nacht der braunen Furcht

Helle der Mitternacht ohne Schlaf und verlassen
in Häusern ohne Männer haltet Wacht
ihr Gattinnen des Grauens nur Grimassen
der Hölle leisten euch Gesellschaft bei Nacht

Wer hat sie losgelassen die Angst die gebannte
wer eingehüllt in braune Furcht jedes Bett jedes Haus
Lautsprecher locken und drohn das Herz das gebannte
fühlt den Magiern zum Trotz sein Schicksal voraus

Zauberer stampft und beschwört im Zwielicht eurer Geräte
Ohren und Sinne sind taub für euren Lügengesang
Liebe schützte sie besser als alle Gebete
ehe der Zug zum Schlachtfeld ihre Geliebten verschlang

Ihr Frauen getrennt von uns geeint im Begehren
ihr kennt wie wir der leeren Arme verlornes Paradies
Hört ihr uns flüstern Ich liebe dich die wir entbehren
Küsse verwehn und Lippen verwelken in eurem Verließ

Ruchlose Trennung Rauschtrank dieser Kriege
Das bittre Träumen hat es euch noch nicht trunken gemacht
Einst lagen wir Brust an Brust gewiß unsrer Siege
Ich wußte für dich was dein Körper kaum noch gedacht

Wir haben sie nicht genug geliebt diese Stunden
nicht genug die trennenden Träume geteilt
niemals genug uns erkannt im Auge die Angst und die Wunden
und uns bekannt wie der Einklang der Herzen sie heilt

Wenn es aber nicht angeht daß ich es dir sage
warum geschieht es mir daß ich es sehe und hör
wenn sich die Wolken jagen und fangen am Tage
nachts wenn die Baumschatten tanzen und das Zimmer ist leer

Hörst du im Dunkel mein Blut schlagen und dich rufen
Ich suche im Bett deine Form und die Farben und du?
Ohne dich und die Welt die wir zusammen uns schufen
was – was ist mir das alles Ich gehöre nicht dazu

Ich gehöre nicht dazu   denn man muß in ihren Horden
Menschen   zu quälen verstehn als sei es ein fröhlicher Scherz
muß   wie Lemuren die auferstehn um zu morden
stillen mit lebendem Blut   das arme barbarische Herz

Ich gehöre nicht dazu   weil das Fleisch der Männer und Frauen
nicht wie ein Kuchen ist   den man mit Messern zerstückt
weil man zum Leben Wärme braucht   im Vertrauen
weil man am Ende nichts   als Menschen hat das beglückt

Ich gehöre nicht dazu kurz und gut   weil die Nächte
da sind daß man sich liebt   und Tage für Lachen und Licht
weil man längst weiß   daß der unterirdischen Mächte
Ausbruch   kurz von Lust und lang von Gericht

Schlafe mein Kind   schlafe und träume
die Nacht der braunen Furcht   wird ihres Weges gehn
ich wache und warte   schlafe   schlafe und träume
ich warte   dich und den Aufgang der Lichter zu sehn

nach Aragon

Und die Erinnyen
tau- und rosen-bekränzt
tanzen die Straßen entlang
als käufliche Dirnen
von fettem Fleische
sind die Gassen voll
gespannt von Haus zu Haus
die blutenden Girlanden
und die Gevattern
schnalzen mit der Zunge
Teuflinge denn sie verrieten
ihr menschliches Teil
Verdammung wo
wachen noch Heiden
wo noch Geusen
unzähmbare
wo noch
unerschrockene
Ketzer
alles wird zäh
aus gegorenem Teig
die Leiber
abgetragen
krumpeln schon
an den Lebenden
und die Gesichter
wie aus erstarrtem Brei
Winter der Sinne
Frauen aus Wachs
und Männer aus Blei
die Hölle
die selbstgemachte
droht
Stadtmühlen mahlen eilig
die Freuden schal
schänkt man vom großen Faß
und nichts ist heilig
nicht Lust noch Leid
aus ungetanem Leben
schlucken schuldgefütterte Sterbende
schnell noch Vergebung
und fürchten sich
und fürchten sich allein
da
einer stirbt
wie der andere
im Fackeltanz der roten Sonnen
Tode engros

Leichenmacher

Die Leichen
gehen an ihre Geschäfte
sie sitzen zu Rate
sie spielen auf Liebe
mit Masken
waschen sich die Hände
und gehen zu Bett
wie ins Grab
Würmer nagen
durch die Geweide
hinter den Augen
die Leere wächst
sie stehn wieder auf
an anderen Tagen
die Leichen
gehen an ihre Geschäfte
sie sitzen zu Rate
sie spielen auf Frieden
mit Masken
und führen die alten Kriege
mit größerem Leichengefolge
waschen sich die Hände
und legen sich wieder ins Grab
Würmer nagen
durch die Geweide
hinter den Augen
die Leere wächst
sie stehn wieder auf
mit anderen Masken
an anderen Tagen
die Leichen
gehen an ihre Geschäfte
sie sitzen zu Rate
sie halten die Reden
sie spielen auf Frieden
mit Masken
und bereiten den Krieg
für neue Lebende

so faulen sie
auf eingebildeten Thronen
sie hissen die Fahnen
totgeborenen Taten
und falschen Siegen ans Heft
Blasen steigen
aus den verhärteten Leibern
wie Grinde schrumpfend
hinter friedlichen Masken
leer aus der Masse
der Lebenden
saugen sie gierig
die Macht
und ordnen uns die Welt
die Leichen
gehen an ihre Geschäfte

Tode

Asche am Rock eines Alten
was wir vom Brand der Rose behalten
Staub in der Luft ohne Dichte
Ende einer verwehten Geschichte
Staub den wir atmen ein Haus
Mauer Möbel und Maus
der Ängste und Hoffnungen Gruft
Das ist der Tod in der Luft

Es kommen Schwemme und Schwund
Über die Augen und in den Mund
Trübes Wasser und bitterer Sand
streiten sich um die Oberhand
der Gräber der niemand mehr harrt
ein blinder Stein allein starrt
auf die Eitelkeit aller Beschwerde
Das ist der Tod in der Erde

Wasserfluten und Feuerbrand
wüten wo Stadt und wo Heimat stand
Wasser und Feuer verlachen
Knechte die sich zu Herren gemacht
sie rotten und zerfressen
die Menschen die ihrer selbst vergessen
Knochen am schwarzen Gemäuer
Das ist der Tod in Wasser und Feuer

nach T.S. Eliot

Qu'est-ce que je vais faire?

Qu'est-ce que je vais faire?
ils l'ont prise   ils l'ont faite prisonnière
ils l'ont prise et tuée   ma mère
Qu'est-ce que je vais faire?

Nothing

There is nothing at the end nothing is coming
but the snapping of the cord unto death
in the bitterness of defeat
blood may be burning and drumming
no life is lost that has breath

But the mood may be wounded so deep
and the love so lost in the hollow
that the mourner has nothing to follow
and longs for the leap

Pride says help thee alone
trapped people are lost without friend
for the trap cuts to the bone
there is nothing at the end

Miss Hamilton in London

Es wäre nicht richtig zu sagen sie tue gar nichts
sie besuchte mehrere Buchläden verbrachte eine Stunde
im Victoria und Albert Museum Indische Abteilung
und spazierte langsam durch die Straßen von Kensington
mit fünf Champignons in einem Papierbeutel
einer Büchse schwarzen Pfeffers einer literarischen Zeitschrift
und genug Geld für zwei Wochen Miete

Der Himmel war bedeckt Blätter lagen auf der Straße
auch fehlte es ihr nicht an menschlichen Kontakten sie sprach
mit drei Ladenangestellten einem Zeitungsverkäufer
und wünschte dem Wärter am Museumsausgang Gute Nacht
als sie nach Hause kam schrieb sie einen Brief an irgendwen
in Kanada oder vielleicht war es auch in Neuseeland
hörte die Nachrichten während sie etwas kochte
und unterhielt sich ein paar Minuten mit ihrer Wirtin

Die Luft war feucht vom Nebel des späten Herbsts
ein voller Tag und nicht unbefriedigend
es wurde früh dunkel entsprechend der Jahreszeit
sie zog die Vorhänge machte das elektrische Feuer an
wusch ihr Haar und las bis es trocken war
dann ging sie zu Bett lag für Stunden im Dunkel
durchschossen von Ängsten ihre Augen brannten
ihre Glieder starben ab
und ihr Blut schlug hart wie ein Strom von Rost

Fleur Adcock

Geschichte einer Frau

Und das Mädchen fühlte freudig die erste Frucht
der schlanke Leib wurde schwer und wurde ihr fremd
sie lag im Bett gefangen unter der eigenen Wucht
und tastete staunend das Wunder unter dem Hemd

Ihr war etwas übel fühllos ohne Ahnung
wie ein Gewächs die brennende Geschwulst
war ihr erträumtes Kind ihres Todes Mahnung
von ihrem Fleisch genährt ihrem Blut durchpulst

Man hatte ihr alles gesagt und nichts verraten
der Arme Lust nicht die zuckende Pein
sie gaben Leben und wußten nicht was sie taten
da lag sie ungewiß ob zu lachen oder zu schrein

Und als ihre Stunde kam das neue Leben
zerriß ihre Eingeweide bis sie das Wissen verlor
und brach mit Gewalt seinem blinden Gebote ergeben
aus dem blutenden Mutterleibe hervor

Sie lebte und kränkelte der Sohn ihrer Schwere
war nichts von dem was sie hoffte und in ihm sah
er verließ sie als Fremder sie starb in der Leere
ihrer bekümmerten Augen und wußte nicht wie ihr geschah

Jungengeschichte

Früher sahen wir dich
manchmal am Abend
oben auf dem Feuerberge stehn
und den Mond beim Namen rufen daß er schweigend
in deine Nähe zog
und dein Gesicht leuchtete wie Bernstein
hell von seinem Glanze
und weiße Kindersterne fingst du mit deinen Händen wie Bälle
daß es unruhig wurde unter den Geschwistern
dann kamen die bunten Vögel der Ferne
und streiften im Flug deinen Mund und du sprachst
mit der stillen Stimme zu den Tieren der Tiefe
daß sie die Köpfe hoben witternd und riefen zurück durch die Nacht
und wußtest ein Wort für alle Winde der Welt

Aber dann trat aus der grauen Wolke dein Vater
und drohte
und riß dir den Zaubermantel ab
und blies seinen Spott und rötete sich vor Zorn
da flogen die nutzlosen Vögel von dannen
die kleinen Sterne fielen zu Boden wie Staub
und als du schweigend deine Mutter anriefst
die im Gewölk
auf der schmalen Sichel ihres Mondes stand
da holte er tausend Gelächter herbei die dich peitschten
und du liefst davon durch die Hölle ihrer feisten Schreie
und schrumpftest
schief wurden deine Schultern und schielend deine Augen
und böse Runzeln liefen über deine Stirn
und wenn du des Weges kamst zu Menschen die dich riefen
spucktest du sie an
und flohst getrieben
ohne Liebe und versunken in Gram
ins große Dunkel deiner Wälder

Verlassene

Und wie sie träumend ganz im Grauen schwimmen
vom zähen Tang des Innern halb erstickt
ist alles Lichte trüb und fern die Stimmen
und Lust ein kurzes Flackern und Verglimmen
und Wissen Zwang der härter nur verstrickt

Und die sich treffen tief im Nebel flüstern
wie Leid und Taumel ziellos sie verschwemmt
und trösten sich und suchen heimlich lüstern
Blößen zu treffen Zwiesprach von Geschwistern
im Schicksal nah im Sehnen fern und fremd

Denn dicht umhüllt im Urwald der Gefühle
schwelt wild und scheu die unerlöste Scham
und nährt mit Kräften der Verfluchung Mühle
Leid zeugt den Armen Lust und Lust zeugt Kühle
und der Entblößung Furcht und Liebe Gram

Bis einer kommt in den sie sich vertrauen
und würgend stoßen aus der Seelen Last
und lächeln wieder leicht vom Grund der Brauen
treiben sie so im Zirkel ihrer Grauen
ihr Fleisch gerinnt und ihre Lust verblaßt

Und sinken schweigend tiefer ab ins Wunde
geängstet grübelnd wie sie sich verpaßt
und legen endlich mit gepreßtem Munde
gleich müden Tieren seitwärts sich am Grunde
und lösen sich im Meer der großen Rast

Und fort und fort strömt ungerührt die Stunde

die treibt

Die grün den Saft durch sanfte Blütenkronen
die Kraft treibt mich   die brausend Bäume bricht
ist mein Vernichter
und ich   machtlos der verwachsnen Rose
zu sagen wessen Axt brach mich

Die Fluten treibt tosend durch harten Stein
treibt mein rot Blut   die dörrt der Wasser Mund
bleicht wie Wachs meinen
und ich   machtlos dem durstgen Mund zu künden
wie frisch der Quell aus Felsengründen bricht

Und die verspielt in Lerchenliedern schallt
die uns entzückt   in Wölfen Mörderlust
schafft mich zerfallen
und ich   machtlos des Herzens Zwiegestalt
der Liebe Mordbegier in eins zu ballen

nach Dylan Thomas

Abklang

Ein wenig stirbt man Tag für Tag und faßt es nicht
wie etwas weitergeht und ist vorbei
und wie ein Tag verrinnt in seine Nacht
und aufersteht ein fremdes Einerlei
und schwer erträglich ist wie Stunden fallen
im Puls der Stille kommen und vergehen
und wie Geburt und Tod ist Gegenwart
und ganz alltäglich Schritte die verhallen
indessen innen noch Knospen stehn und Neues harrt

Spiele der Männer und Frauen

Zwiegespräch im Frühling

Wie leicht im Spiel
von Baum zu Baum
das Eichhorn schwingt
die Schwalbe fliegt

wie stolz im Wind
der südwärts streift
das Schilf sich neigt
und Gras sich wiegt

wer gab dir, Mädchen
gab dir dies
den selig leicht
beschwingten Schritt

des wachen Leibes
Gertenstolz
der Augen Licht
der Braue Schnitt

Aus Busch und Aue
Strauch und Blatt
strahlt rings die Lust
was fragst du viel

des Morgens frischer
Regen hat
entfesselt rings
das bunte Spiel

wie frisch und feucht
und kinderrund
steigt jung wo warme
Sonne warb

aus Knospengrün
der Blüten Mund
so rot und gelb
und veilchenfarb

der frohe Strom
durch Licht und Luft
der neu mit Kraft
die Kelche füllt

der sanft im Anhauch
frisch von Duft
Feld und Gebüsch
in Blüten hüllt

er hat auch mich
verwandelt ganz
er ists der weckt
und wachsen ließ

des Leibes Stolz
der Augen Glanz
er ists

sonst nichts?

was sonst als dies?

der Käfer surrt
der Falter spielt
berauscht im Strahl
des jungen Lichts

ist alles dies
nicht Glücks genug
was sonst?

nur dies?

sonst nichts.

Sonst nichts? Verdammt
sei Duft und Glanz
der Falter Rausch
der Vögel Schrei

der sinnlos bunten
Blüten Tanz
die allzu süße
Narretei

gibt Baum dir Liebe
Strauch dir Stolz
und ich bin nichts
nicht mehr als dies

Gebräu aus Blättern
dumpf im Holz
dies halb lebendge
Paradies

wie leer ist alles
Baum und Blatt
das bunte Kraut
wie ganz entseelt

die Erde leer
der Himmel matt
wenn deiner Arme
Nähe fehlt

berührt von dir
ist alles reich
von dir entfernt
ist alles alt

die Bäume kahl
die Blüten bleich
der Duft verweht
die Sonne kalt

die arme Welt
aus Spott wird Hohn
das halblebendge
Paradies –

du liebst es doch
ist das der Lohn?

aus Spott? Du wagst?
das wird gerächt

wenn du mich jagst
es geht dir schlecht

wo bist du?
ich seh dich nicht

hier

und hier

die Hecke steht im Licht

sie schützen mich
die du geschmäht
Gebräu aus Holz
du bist zu spät

bald hab ich dich
dann wird gerächt

was du geschmäht
ist mein Geschlecht

dafür ist mir
dies alles feil

und grad im Gras
sind wir sein Teil

Der Blitz in seinem Auge das sie sah
wie niemand sie zuvor gesehen
entfachte sich in ihrem das ihn sah
wie niemand ihn zuvor gesehen*

* Verse vergessener Herkunft

An die Freude

dein niemals genug
gekūßtes Gesicht
sachte sachte
erst die Winkel des Mundes
leise vom Rand der Lippen
vortastend
wie Flügelschlag wiegender Vögel
auf und ab
über dem Brunnenrand
noch zögernd sich zu tränken
scheuend
noch nicht
Verkündigung
erst noch die Augen
Pforten der Verschmelzung
und weich hinstreift durch sanfte Gräser der Fuß
am Rand des dürstenden Brunnens
und die Sträucher
wölben den Händen
ihre duftenden Früchte entgegen
die Wiesen dürsten
Lippen begierige wartet noch
die kleinen
Muscheln wollen das ihre
und das Zärtliche des Kinns
dann in die Bucht des Halses einzutauchen
wie Windstoß
daß ein Schauer
über das reifende Kornfeld geht
Vorbote des Gewitters
in den Tiefen
der verborgene Halbgott
wacht aus dem Schlaf
mit gehobenem Haupt
sucht er im dunklen Korn der schwellenden Knospen
Aufbruch
wende dich und wehre
schließ die begehrenden Lippen
der zärtliche Ingrimm steigt
zum Raubtier ohne Gnade
grollend stößt der zornige Gott
ins Horn

Hügel und Täler
zittern im nahenden Gewitter
der stürmischen Zungen Flügelschlag
stachelt
und zündet
die zuckenden Blitze
der Entzückung
und im Wirbel
Paukenschlags
zündet der Einschlag
zum Bruch der Dämme
Flut des feurigen Regens
der Trommelwirbel
Sturmlied
gefeiert
Mund auf Mund
vom Grund des Gaumens
zu den Wurzeln der Lust
während auf Wellen gepeitscht von Gischt
Engel einherziehen singend
und verebbend
von Leib zu Leib
dein niemals genug geküßtes Gesicht
wie Flügelschlag wiegender Vögel
noch zögernd
sachte sachte
in der Tiefe
tönt es wieder
das bebende Dur
bacchantische Flöte
über dem lockenden Wellenmeer

Venus Ludens

Venus im Sonnengewand aus den schäumenden Wogen
stiegst du den Blick noch entrückt
          auf die weichenden Wasser gesenkt
nur ein Huschen am Mund und wieder verflogen
nur der Hauch eines Lächelns verriet
          daß du fühltest wie sehr dich umdrängt
rings vom Strand der Männer entzücktes Verlangen
Da aus dem leblosen Schaum
          dem ungebändigen Wogen der Flut
langsam der gebändigte Leib   beglückt zu empfangen
feucht von den Küssen Neptuns
          erst der kleinen Brüste verhaltene Glut
dann der schwellenden Schenkel Verlockung erstand
sonnengebräunt und schlank
          endlich der Beine zierliche Tändelei
wurde es stiller und stiller am wimmelnden Strand

Du aber schrittst auf uns zu
          kleine Göttin der Liebe als sei
noch von des Meeres Wohlgefühl ein Klang dir im Ohr
Haare verweht im schmeichelnden Wind
          die Weite der Wasser und Du
Sonne versank   es versank der Plaudernden Chor
Zanken und Schwatzen und Singen versank
          und das Lachen dazu
einen Moment lang waren wir alle entrückt
spürten im schlagenden Herzen nur dich
          begehrt und bedrohlich zugleich
Wild die Welle Verlangens halb unterdrückt
stieg dir Erfüllung heischend entgegen
          aus dem abgründigen Reich
Jäger da standen sie   leicht   wie zum Sprunge gespannt
steif die Gesetzten   nur aus den Augen begehrend
          hinter verhaltenem Mund
da die im Zwiespalt Geängsteten bleich auf die Stelle gebannt
Selbst den Beleibten wurde ihr Schmunzeln wund
          als die verlorne Erschütterung
               frisch durch die abgestandnen Gefühle drang

Du aber jung in der Freude des Leibes lächeltest nur
rund einen Ball trug die Welle dir zu   du nahmst ihn   er sprang
mitten hinein in die Schar der Gebannten   fuhr
aus einem plötzlichen Wirbel von Rufen ohne zu halten
aufgescheucht über den Strand   gejagt und getrieben   fiel
wieder ins Wasser   Getümmel der bunten Gestalten
und die gesammelte Spannung wich der Spannung im Spiel

Wohlgenährt an einem Leichenstein
schwirren Fliegen in die Höhe
und die Flöhe
flitzen leicht von Bein zu Hackebein

Obenauf   die zugespitzten Weiber
kalt geronn'ne Zuckung   glatter Kuß
kein Genuß
lange Beine und gefrorne Leiber

Kleine Läuschen um die Wonnenrose
schaden wen'ger als die kalte Pose
Was ihr fehle?
Gut gebauter Leib
mit gerissner Seele
böser Zeitvertreib

Bei einer Trauung

Das Gesicht unbesorgt von dem Spiegel
wird durch die Zimmer stürmen
zur Entrüstung des zynischen Staubs
die Orgel hängt voll von Tönen
die ihr früher die Knie weich machten
in gelegentlichen Betten
jetzt aber steigt sie kometengleich
fort von den unteren Menschen
begrab den Vater   schneide die Mutter
zeigs dem Gelichter
der Nachmittag tritt im Morgenrock an

nach Peter Porter

Eine Frau zum Mann

Stell dir mal vor du findest einen toten Vogel
nicht nur tot, nicht nur heruntergefallen
sondern schon voll von Maden, was wirst du fühlen –
mehr Mitleid oder mehr Abscheu?

Mitleid ist für die Zeit des Sterbens
und die Momente danach. Es verschwindet
wenn die Verwesung einsetzt mit ihrem schleichenden Geruch
und den ringelnden kauenden Reinemachern.

Aber wenn du später zurückkommst, dann findest du
ein sauberes Knochengerüst, vielleicht ein paar Federn
nichts Abstoßendes, ein Symbol für etwas
das lebte. Nichts das dich schaudern macht.

Das ist also klar. Aber du findest vielleicht
die Analogie die ich wählte
für unsre tote Affäre etwas widerlich –
einen allzu unangenehmen Vergleich?

Das ist kein Zufall. Ich fühle bei dir
die Maden unter der Haut. Du bist
zerfressen von Mitleid mit dir selbst
kriechend mit wenig lieblichem Pathos.

Wenn ich dich anfassen würde, bekäm ich an meinen Fingern
fett und feucht die Haut der Würmer zu spüren.
Bitte mich jetzt nicht um Wohltätigkeit:
Geh fort bis die Knochen sauber sind.

Fleur Adcock

Ein Mann zur Frau

Selbst im Bett posiere ich Das Verlangen reißt
die Maske lockert sich wenn das Tier erwacht
aber ein scharfäugiges Mädchen hat vielleicht den Verdacht
mein Leib könnte unverhüllter sein als das was ich denke
ich frage mich ob du weißt und ob ich dich kränke
ob du weißt daß ich weiß daß du weißt ich weiß daß du weißt

Ich bin nicht was ich scheine wenigstens zumeist
statt des großherzgen Heiden haarig und gebräunt
hast du ein ziemlich gespaltnes Geschöpf zum Freund
wenn die Dunkelheit kommt steigt oft das stille Malheur
Schlapp du hängst dich an einen kompetenten Poseur
dessen Anschein alles ist was du von ihm weißt

Ich rühre dich an du stöhnst und schreist
mit angemeßnem Entzücken spielen wir hin und zurück
immer den gleichen komischen Akt in dem tragischen Stück
oder ist das einfach dein Tränenreißer Zug um Zug
ohne Schimmer von Ehrlichkeit und ein simpler Betrug
tust du so weil du nicht weißt daß ich weiß daß du weißt?

Leg dich in Positur Bald hier auf den Kissen
stopf ich den gierigen Mund die gefällige Brust
es gibt einen schönen Raum zwischen Lippe und Lust
Aber der zwischen Schenkel und Kopf ist zu groß
Wozu gehn wir ins Bett was machen wir da bloß
wir erfahren längst nichts mehr was wir nicht schon wissen

Ich versprach mir gewiß nicht viel Freude wenn auch mein Geist
manchmal träumte daß wir zusammen lachten
und einander auch gar nicht so arg verachten
aber wachend wußte ich daß das Träumen nichts nutzt
weil eben Leere an Liebe die ganze Affäre beschmutzt
du weißt daß ich weiß daß du weißt ich weiß daß du weißt

Erspar mir das Jammern nimm an ich bin verreist
wenn dir Tränen kommen bitte weine bei dir
Ich kenne kein Gefühl mehr das du teilst mit mir
laß die gebildeten Reden bitte renn
ich posiere schon wieder geh schon denn
ich weiß du weißt

Thom Gunn

Daß man in Menschen auf
in Menschen untergeht
Wildnis der Herzen
das ist unvermeidlich
Tobe und schrei
entfliehe und verbirg dich
im Rausch des Stadtgewühls
im Schoß deiner Feste
du entgehst mir nicht
die Jäger sind das Wild
Schmerz und Erlösung
kommen aus Menschenhand
ob heut ob morgen
müde im Holz
kämpfend mit dem Orkan
dein Herz ist meine Waffe
deine Waffe
mein Herz

Von der Tangerreise

I

Die sich entfernenden Küsten Afrikas und Europas
vom Regen zerwaschen
von Adern zerfurcht
von Wehen geschüttelt
Schenkel der alten Frau
wie sie sich gleichen
unter der runzligen Haut der Hügel
die Knochen des nackten Gesteins
Kinder über Kinder
kamen und gingen des Weges
wenn sie sich alle erschlagen
die Mutter ist alt
sie kann keine neuen gebären

II

Die Mutterblondine
dunkelblonde Spanierin
noch frisch
am Rand des Verblühens
regierende Königin
am Tisch ihrer Jungen
fünf Männchen und das Jüngste ein Weibchen
elf bis drei
und ein Kindermädchen marokkanische Negerin
kleine blonde Tiere frisch schlank und gewandt
spielen selbstsicher ihre verborgnen Spiele
Halbkind unter Kindern die Mutter spielt mit
wenn es zu bunt wird
tötet sie den zweitältesten mit den Augen
wenn er aufstampft
zischt sie ihm einen Schrei-Befehl
in Gegenwart anderer
schreit eine elegante Frau nicht gern
der Junge stampft und stampft
und die Mutter sieht weg
als ob sie das alles nichts angeht
sitzen die Geschwister da
nichts entgeht ihnen unter der Decke
legen sie ihre Karten

Das Kindermädchen am Tisch
wird fünfundzwanzig sein
sie spielt nicht mit
die Brüste voll und hängend
die Schenkel fleischig und schwer
große schwarze Tieraugen
am Untergrund Furcht und Gelassenheit
auch sie ist am Verblühen
sieben blonde und ein dunkles Tier
selten fällt ein Wort zwischen ihnen
sie und das kleinste
spielen für sich
wenn sie lacht
zeigt sie im dunklen Gesicht ein goldnes Gebiß
in zwei drei Jahren wird sie heiraten
sie hat Gold im Munde bald wird sie ihre eignen Jungen großziehn

Noch sind die Entfernungen groß zwischen Mensch und Mensch
zweimal sieht sie herüber zu mir
Verwundrung und Furcht im Auge: Warum siehst du mich an?
Aber wie könnte ich ihr erklären?

III

Die starken braunen Gesichter
um schwarze Augen gesetzt
zwei dunkle Striche die Brauen
scharf unter der schwarzen Haarlinie
die steile Stirn
damals waren es Söhne römischer Senatoren
stolz und kühl
die Jupiter Opfer brachten
Sklaven Roms im geheimen
um Erlösung flehend zu dem gekreuzigten Gott
oder zum hörenden Jahve den niemand sah
es waren ägyptische Bauern im Niltal
Gläubige des auferstandnen Osiris
oder karthagische Händler die Moloch fürchteten
heute sind es arabische Aristokraten die zu Allah beten
oder junge ägyptische Offiziere
denen das Herz beim Namen Ägyptens höher schlägt
starke braune Gesichter
um schwarze Augen gesetzt
was sie glauben
was ihr Herz beben macht
ihre Brauen zornig
ihre Hände zittern und schlagen
wie es sich wandelt!

IV

How strange these people are
How strange I am
How strange we are

Über das Dichten

Verse beginnen
nach Mustern die andre gewebt
aus dem was mit Sinnen
ich selber gesehnt und gelebt
sie kommen mich teuer
für Damen und Herren Gunst
Ich singe in Schmerz und Feuer
Ihr nippt an der Kunst

nach Marcabru

Der wilden Reben ebenmäßge Blätter
verflechten sich daß ich wie abseits wohne
der Stadt Gewirr verhüllend am Balkone
zum Mosaik im Widerschein der Wetter

Da fällt die Wand   der späten Vögel Schrei
tönt mir den Abend   unbenannte Lichter
geben den Namen preis   die Welt wird dichter
und Wort gefüllt ihr kleines Konterfei

und so bewegt vom Anruf des Gefildes
der kleinen und der großen Welt Verketter
fängt sich der Mund sein Zärtliches und Wildes

und langsam mal ich Letter neben Letter
und freue mich des werdenden Gebildes
der wilden Reben ebenmäßge Blätter

Abschied

Wenn die Gegenwart ihre Hintertür
meinem brechenden Leben zugeschlagen
und der Maimonat winkt seine frischgrünen Blätter wie glatte
zartumhäutete Flügel aus neugesponnener Seide
werden die Menschen sagen:
Er war ein Mann der ein Auge für solche Dinge hatte?

Wenn im Morgengrauen still wie des Augenlids lautloses Blinken
der Falke des Taufalls   kommt aus dem Dämmerlicht
auf der windgetriebnen Föhre des Hochlands zur Ruhe
einer der es sieht mag denken:
Für ihn war das   sicherlich eine vertraute Sicht.

Die hören daß ich verstummt   wenn sie abends
vor ihrer Türe stehn
unter dem Winterhimmel der leuchtet ausgestirnt kristallen und klar
die mein Gesicht nicht wiedersehn werden
wird es ihnen durch den Kopf gehn:
Er war einer der nahm   Wunder wie diese wahr?

Und wenn die Glocke des Abschieds durch das
Dunkel der Schwermut dröhnt
bis ihr Schall entschwindet im Aufrausch einer plötzlichen Brise
werden sie sagen   ehe der Glockenton wieder ertönt:
Er der es nicht mehr hört hatte
ein Ohr für Dinge wie diese?

nach Thomas Hardy

Die sich verdichtet hat
in der Flamme Entzündung
und nicht gesammelt fand
den Augenblick ihrer Macht
erlischt wie ein Licht im Dunkel
denn die Verkündung
ist jetzt und hier
vergebens rufst du
über der unerhörten
schließt sich der Schacht

Deine Bücher sind
Bücher eben
Blick durch dünne Tücher
noch nicht
noch nicht Leben

noch gemacht
gut
gut gemacht

noch gedacht
klug
klug gedacht

manchmal nur
hast du Traum und Streben
so versponnen

Leben
dieses Leben
so im Spiel gewonnen

daß der Dunst sich von den Blättern hebt
alles duftet stark als ob es riefe
von Gesicht zu Angesicht und lebt
aus der unbedachten Tiefe

Wollt ihr daß ich euch biete
ein Vorgekautes
Brei
gesüßte Schlückchen Leben
weichgekocht
und abgeschmackt vom Topfe
eine Ausruhpaste
ein leicht Verdauliches
das schlafen macht
nimm ein
und schluck
und pfeif dir eins
und leg dich nieder?
Dieses hier
ist Welt von Welt
wie Leben Leben ist
gerundet
blau
und rot
und quittengelb
und mörderisch
und beißend
rauh und bitter
oder auch süß von Atem
je nachdem
und will gefühlt sein
niemand kann
euch da erleichtern
denn
die Worte kreisen um in ihrer Bahn
wie Menschen
vielbedeutend
füllt sie euch
vom eignen
trinkt und lebt
euch eins heraus
seht selbst

Als Klopstock England trotzte

Als Klopstock England trotzte
auf stand der schreckliche Blake und strotzte
und der alte Niemandspapa da oben
fing an zu furzen und rülpsen und toben
sein Fluchen erschreckte den milchigen Weg
dann rief er laut nach dem englischen Blake
Blake erleichterte grade den Bauch
in Lambeth hinter dem Lorbeerstrauch
von seinem Sitz dort kam er herbei
und drehte sich um sich selbst drei mal drei
da wurde der Mond vor Scham puterrot
die Sterne flohn ohne Abendbrot
und alle Teufel im Höllengebräu
heulten ihm zu mit dem neunfachen Schrei
Klopstock spürte die dreifache Drehung
dumpf in den Därmen braute die Blähung
kreiste ihm neunmal durchs Untergeschoß
seine Seele saß hinter neunfachem Schloß
gefangen im Fett der Kaldaunen
bis zum Stoß der letzten Posaunen
da fluchte der Niemandspapa in den Höhen
so was hat man ja überhaupt noch nicht gesehen
seit ich den alten Dingsda geschaffen
und es Mode war nackt zu gehn wie die Affen
und die Eva das Schicksal der Menschen besiegelt
und der Noah sich in seiner Arche verriegelt
so bat er mich schließlich mich wieder zu wenden
und des armen Klopstocks neunfache Ängste zu enden

Moral

Wenn Blake das schon beim Aufstehn vom Stuhlgang betreibt
was kann er erst wenn er sich hinsetzt und schreibt

nach William Blake

Literatur, mein Herr?
Ein Streuselchen Süßigkeit und Musik
wer brauchte nicht heute ein wenig Rausch
ein Streuselchen Sich-in-Szene-Setzen
wer wollte nicht gelten unter den Menschen?
und einige Spritzer Pathos dazu
die großen Worte, nicht wahr
sind alle ein wenig abgebraucht
man muß nach größeren Worten suchen
damit es dröhnt
darunter aber, darunter, mein Herr
ist oft nicht mehr als ein bitterer Teig
gemischt aus Verzweiflung
und Langerweile
darin verstreut sind
ein paar Rosinen
aus Liebesglück

Sie sind hart, mein Herr
sehr kritisch und hart!
Auf unserem Leben
liegt ja die schwere
Last der Jahrtausende!
Das Bild der vergangenen
Qualen und Kämpfe
um Nichts, mein Herr
um Nichts und Nichts –
wer kann es sehen
ohne zu seufzen?
Was Sie da sagen
ist das nicht unser Leben?
die Langeweile
wozu, wozu?
Verzweiflung dahinter –
um Nichts, um Nichts!
Betäubung und Rausch –
vergessen, vergessen
ist das denn nicht
der heutigen Menschen
gemeinsames Schicksal?
die gute Hoffnung
des Paradieses
vorbei, vorbei! –

Ich kenne den Text, mein Herr
und ich kenne die Weise
vorbei, vorbei
das ist ein erbärmliches Lied
Ist denn alles getan
sind wir am Ende, mein Herr?
Schreckt Sie das Heute
ist nicht das Morgen noch in unsrer Gewalt?

Ach mein Herr
kann es besser als die Vergangenheit sein?
Könnten wir wieder zurück
in die beglückende Enge
Nicht zu wissen war gut
wir – wir wissen zu viel
wissen daß der sinnlose Kreis
von Leben und Tod unentrinnbar ist
Nochmals sagen
was schon tausend Male gesagt
nochmals tun
was schon tausend Male getan
heute, mein Herr
sagen Sie doch
was läßt sich heute noch tun?

Was sich tun läßt?
Sie machen mich schweigen, mein Herr
solcher Gesinnung
sind alle Worte zu schwach
Was sich tun läßt
mein Wort wird Sie nicht überzeugen
Sagen kann man es Ihnen nicht
aber was
werden Sie sagen wenn man es tut?
Ich kann es mir denken. Das Unbekannte
ist Ihnen unbekannt Sie werden
in jedem Vorstoß nur die Runzeln des Alten
nur die Rückkehr des Längstgetanen erkennen
Leben Sie wohl, mein Herr
die Begegnung war kurz und fruchtlos
Dort hinter jener Tür eine schläfernde Droge
die Wiederkehr des Ewiggleichen
wartet auf Sie
und hier hinter dieser
warten die unbekannten
Wagnisse der Zukunft

Lehrgedicht

Zwei Solostimmen und Chor

I

zu singen und zu sagen
habt acht
und nicht nur stumm sinnieren
den Mummentanz maskieren
und lautlos musizieren
verdecken ist verlieren
die Stimme weint
die Stimme lacht
habt acht

zu singen und zu sagen
zu lieben und zu jagen
zu seufzen und zu klagen
zu streiten und zu schlagen
ist dieses hier gemacht
habt acht

die guten alten Weisen
klingen uns noch im Ohr
habt acht
unser Leben ist unser eigen
unser ist das Gehör
ob süßer
ob herber
ob besser
oder
schlimmer
unsere Weise ist unser Leben
Beckmesser gibt es immer

die guten alten Weisen
sind nicht nur gut für Greise
doch öffnet euer Ohr
neue
wollen hervor
habt acht
zu singen und zu sagen
muß man ein Neues wagen
was ungewiß ertragen
riskieren und sich plagen
muß suchen und versagen
erfinden und erfragen
das hat uns frei gemacht
habt acht

die gute deutsche Sprache
hat vielerlei Musik
Musik für alle Tage
für Feste und für Niederlagen
und aller Seelen
Leid und Sieg
habt acht

II

zu singen und zu sagen
das eigne Ohr befragen
und hart zu-schlagen
und Zeilen zerbrechen
und Versfüße stechen
und Reime zerfeilen
und halb wieder heilen
und Worte verrenken
und Sätzen und Silben   und denken und denken
Worten und Tönen
die Zügel zu geben
daß sie
jubeln und
daß sie
stöhnen
dem Lauf der Gedanken
und Bilder im Raume
folgen geschmeidig
von Laune zu Laune
ins Neue
ins Fremde
ins Ungestüme
Getümmel der Fratzen
und Ungetüme   und neue
und fremde
und unerhörte
vollendet erschaffene
Leiber des Lichts
aus Tiefen gestörte
in Fetzen verschwimmende
rasen vorbei
und zerfallen in nichts
und kommen wieder
wilder und wilder
die rasende Herde
Flucht aller Bilder
geflügelte Pferde
gepeitscht
und verdammt
zur Lust ihrer Süchte
außer Rand und Band
und dann zu werfen
aus wendiger Hand
Zaum und Zügel
über die sich Bäumenden

die Ungebändigen
einzubringen
zur Zucht der Lebendigen
die ziellos Träumenden
Herden der Bilder
zur Zucht der Worte
zu zügeln
und zu lenken
mit Flügeln
zu denken
für alle Wandrer
zu sehen
für Anderer
Verstehen
zu singen
und zu sagen
zu bilden
und zu wagen
zu hämmern und zu schlagen
sich mühen und sich plagen
bis daß es glänzt und scheint
in seiner frischen Pracht
habt acht
und bis die Stimme weint
und bis die Stimme lacht

Wir

Wir hören das Brausen der wandernden Erde nicht
wir schließen die Augen vor der unfaßbaren Ferne
und vor der Fahrt die ohne Ziel und Namen ist
nur manchmal   wenn da oben der kahle Mond
im Glanze seines geborgten Lichts erstrahlt
wenn die funkelnde Heerschar der leblosen Sterne
in ihrer kalten Schönheit auf uns herabsieht
spüren wir diesen Geschmack der einsamen Erde
mit ihrem lebenden Treibgut fast auf der Zunge
und der unbegriffne Auftrag der wissenden Menschen
auf ihrer Fahrt durch die Wüste der Welt ist uns nah
da schmilzt die Zeit   die trügerischen Tore
Anfang und Ende stehn entzaubert da
und die Kulisse
der mörderischen Menschenziele sinkt
Wo sind wir?

Die sich verwüsten als gnadenlos Feindliche
Brüder sind es der nämlichen Stunde
Arme der wandernden Zeit Vom Grunde
gleichen Lebens bricht das Geheiß
ihrer Entzweiungen Denn die vermeintliche
Feindschaft schließt nur den Kreis

Und die auf Tod und Leben Verschlungenen
retten sich nicht in der Anderen Mord
denn auch Sieger sind die Bezwungenen
und die Besiegten in den umsungenen
Mördern siegen sie fort

Zufall von außen   Kreuzweg   Leichtes Finden
Treibgut der Straßen   Abschiedslos Entschwinden

Satzung von innen   Maß des Herzens   Stärke
des Seelenwindes   Tiefenlot der Werke

Von innen Zufall   der mich heut entschließt
zur frohen Runde   morgen mich verdrießt

Und außen Satzung   Zeit und Zwang   der schuf
von äußren Eltern   Lehre und Beruf

Es mündet in mich   Strom der Ströme   Welt
entspringt mir neu   wer hält mich   All das hält

Wer ruft mich   Stimmen   Ich der nicht Ich bin
von fern und nah   Signale   sinnlos Sinn

Und Zufall wächst im Wandel der Gesichte
dem Wesen ein   wird mein   und wird Geschichte

Und Strom wird Welle   Welle   stromdurchtränkt
bin ich in dich   seid ihr in sie versenkt

Verschlungen Dasein   Mensch und Stern und Tier
wächst eins im andern   Du und Ich sind Wir

Denke ans Altern
Vielleicht wirst du etwas schwerhörig werden
Und nicht mehr so gut sehen
Und auch andre Eigenheiten entwickeln
Die es jüngeren Menschen etwas schwierig machen
Mit dir umzugehen
Und sie werden sich ein wenig von dir zurückziehn
Wie du dich von deinen Älteren zurückziehst
Und du wirst dich fragen
Wofür habe ich überhaupt gelebt

riding the storm

nothing without its order
not the fury of love
to the border of death
nor the desert above

round and round with each other
living feast without host
to the bother of dying
grinning god's ghost

women lovers of men
unwitting children begotten
tender fruits of bodies
into bodies rotten

into the good earth
pearls of maggot and mould
to the birth of a firefly
turnip and marigold

sky-lark of the owl
bleeding and bled
growls in the dark of the night
world feeding and fed

tear it to pieces pounce
galaxies into dust
towns into refuse and filth
make them dance as they must

born from a storm of disorder
nomads of time without tiding
in a void without border
riding the storm

Duell mit seiner Stimme

stumm stumm
wie Tiere
offnen Auges
stammelnd
wie Sterbende
der Mund zuckt
die Finger greifen
in die geöffnete Welt
und das Wort ist
versiegelt
am Grund der tönenden Wellen
tausendjährig
der gefährliche Geist
der Worte die
frisch von Geschehen
bleibt stumm
gefangen
Wellen
steigen und fallen
der verrinnende
Alltag der alternden Beamten
Segen
im Erkennen des Mädchens
der plötzlich über sein junges Gesicht fliegt
die zermürbende Furcht
des unentdeckten Mörders
nächtliche Kohlenschipper der Häfen
es regnet und der Staub klebt fest am Nacken
die grauen Falten früh gealterter Gesichter
Ermattung
der letzten Schaufeln schon im Morgengrauen

Einverständnis der Unbekannten
der Gestalten Entdeckung
und der beständige Kampf
mit der Verwesung Faulgeruch
die Wiederkehr der zwingenden Figuren
wie Greifen ohne Hand
Mund ohne Zunge
stumm
Schrein ohne Laut

die Fülle ungetan und will getan sein
und drängt nach Wort
und fällt
wie Wellen steigt und fällt
Bläue des Abends und des Tages Röte
Scheintod der Nacht
ein Stückchen Kork der Leib

Da naht die Flut
die Fülle naht
Ballung des Mundes
zum Wort das Siegel bricht
widerwillig
steigt
vom Grund der Tiefe
der hörige Geist
gelöst aus dem Gefängnis
vom Zwang der Worte
kommt
er kommt
der Zeuge des Geschehens
alt
zum Jungen
kommt
knirschend herauf
widersetzlich und höhnend
der Flüchtigkeit
zu zähmen
ihn und der Worte Allmacht
warte nur
Wie kann man?
Medusa
von Schlangen züngeln die Haare
und saugt die Söhne ein
zeitlebens
und verzehrt sie Stück für Stück
bis auf die brennenden Augen
wie Kristalle
die ansehn unverwandt
und sterben nicht
die Wellen
gaukelst du mir vor?

Da steht sie
lächelnd im Vorübergehn
an meiner Ecke Lebens
mit gesenkten Augen
läßt die Novize
in dem Mund zergleiten
die blutende Oblate
was gaukelst du mir vor
was höhnst du? –
Kurzfristge Vagabunden streifen meine Nähe
atmend ihren Zerfall –
der deiner ist wer rief dich
leibgeworden vom Meer? –
zum schlimmeren Gefängnis
die stumm geboren
sterben stumm
dazwischen
sagen sie dies und das
ohne Bedeutung
warum sagen
laß dich tragen und schweige
Wellen
kommen und gehn –
Was gaukelst du mir vor? –
Dieses Verflattern
ist alles
dieses ewige
Vorüberziehn
wie Spiegel
nur angeschaut
flüchtig wie Wolken
und die Verzweiflung bleibt um jeden Preis
Verzweiflung und das Ende
deines
aus Bordellen und Krankenhäusern
wozu willst du denn? –
Da ist es Tausendjähriger
dein Hauch
im Stein der Worte diesesmal
hab ich dich überlistet
du und ich
gesagt getan

Genieß den Wein in deinem Glas
und laß es dich nicht kränken
wenn andere sich ihren Wein
aus andern Flaschen schänken

Die Ballade vom armen Jakob

Als 1939 der Krieg begann, nahm man in England die Möglichkeit einer deutschen Invasion nicht ernst. Als die deutschen Heere die Niederlande besetzten und in Frankreich weiter und weiter vordrangen, nahm man diese Möglichkeit plötzlich sehr ernst. Alle Deutschen, die nicht die englische Staatsbürgerschaft bekommen hatten, ob Flüchtlinge oder nicht, wurden in Internierungslager auf der Isle of Man geschafft. Dort ist die folgende Ballade entstanden und bei einer Lagerfestlichkeit mit einem vortragenden Bänkelsänger, einem Sprechchor und Musik von Hans Gal aufgeführt worden. Das Gedicht spiegelt eine Stimmung dieses Augenblicks. Viele von uns waren mit Mühe und Not aus Deutschland nach England geflüchtet. Nun sperrten uns auch die Engländer ein. Wir saßen hinter Stacheldraht und wußten nicht recht, was aus uns werden sollte. Ganze Schiffsladungen von Internierten wurden nach Australien, nach Kanada transportiert. Eines der Schiffe war, wie wir hörten, auf der Fahrt torpediert worden. Wir wußten noch nicht, ob Freunde und Bekannte, die damit verfrachtet worden waren, noch lebten. Die Deutschen hatten uns herausgeworfen, und die Engländer sperrten uns ein. Man fühlte ein wenig, daß die Großen ihre Kriege auf dem Rücken der kleinen Leute ausfechten. Wenn Machthaber sich gegenseitig bedrohen – es ist immer der Arme Jakob, der geschlagen wird, ob Buddhist, Heide, Christ, Mohammedaner oder der ewige Jude. Schließlich ist es auch heute noch so. Flüchtlinge aus Vietnam, Afghanistan, Äthiopien, Sudan, Chile und vielen anderen Ländern – wie werden sie von den Machthabern herumgestoßen.

Die Ballade vom Armen Jakob

Bild: Zwei Chöre in Kampfstellung

Chorführer (treten zwischen die Kämpfenden und sagen):
Warum könnt ihr euch denn nicht vertragen?
Warum wollt ihr denn euch selber schlagen?
Das tut schließlich nur euch selber weh!
Statt euch miteinander zu verkrachen
sucht euch lieber einen Schwachen
und verdrescht ihn und verhaut ihn
und verprügelt ihn gemeinsam
mit Juchheiserassa und Juchhe!

Chor:
mit Juchheiserassa und Juchhe!

I

Sprecher:
Hört! Hört! Die wahre Geschichte von dem armen Jakob!

Der war schon als Kind etwas schwächlich.
Seine Stirn war blaß, seine Augen auffallend groß
und er hatte die eigentümliche Gewohnheit
den Finger an die Nase zu legen und nachdenklich ins Blaue zu sehn.
Das war natürlich etwas aufreizend.
Es kam wohl daher daß er bei Fremden aufwuchs.
Und jedesmal wenn seine Pflegemutter
und sein Pflegevater sich zankten
wenn der Mann sagte: Verdammte Kröte!
und die Frau: Dieb, Zuhälter und so weiter
wie das in jeder Ehe gelegentlich einmal vorkommt
wenn das Geschirr flog und es gerade so aussah
als wollten sie sich gegenseitig verprügeln
die Frau mit dem Besen und der Mann mit der Faust
oder was ihm gerade in die Hand kam
dann
sahen sie sich plötzlich ganz vertraulich an
gaben sich die Hand: So!
und ohne ein weiteres Wort zu sagen
schlugen sie alle beide im Verein
auf den armen kleinen Jakob ein

Chor:
schlugen alle beide im Verein
auf den armen kleinen Jakob ein

Sprecher:
bis ihnen die Puste ausging
und bis da schließlich auch nicht mehr viel zu schlagen war
und am Ende machte ihnen die ganze Geschichte keinen Spaß mehr... da schickten sie den Jakob ohne Geld
in die weite, weite Welt

Chor:
in die weite, weite Welt.

II

Sprecher:
Auf diese Weise kam er nach München.
Da waren alle sehr freundlich zu ihm
und halfen ihm und pflegten ihn und sagten: Armer, kleiner Jakob!
Und er begann auch bereits ganz hübsch Geld zu verdienen
mit Reklamezeichnen und kurzen Artikeln und so
denn er hatte eine recht
kluge und geschickte Feder.
Dann war da auch ein kleines Mädchen
Else
mit Grübchen in den Backen
und auch sonst noch diesem und jenem was gut
und freundlich anzusehen war. Die hatte er gern.
Und er fing auch schon an sich ganz wohl zu fühlen in dieser Welt
und zu träumen wie man eben so träumt:
Heirat, Kinder, eine kleine Wohnung draußen im Grünen...
Aber es waren damals stürmische Zeiten in München.
Es gab da graue Soldaten, die marschierten drohend durch die Straßen.
Und braune mit prallen Hosen und niedrigen Stirnen
die rempelten alle Leute an und schlugen Schaufenster ein
und hielten große Reden mit Geraufe und Messerstecherein.
Und eines Abends als der kleine Jakob
irgendwo in einem Lokal mit seinem Mädchen beim Bier saß
da kamen ein paar von den Braunen herein
richtige Bullen mit Stiernacken und groben Gesichtern
und fingen an Skandal zu machen, und die Grauen
die da an den Tischen saßen, standen auf
und sagten sie sollten ruhig sein.
Da beschimpften sie sich gegenseitig und nannten sich Spitzel,
Mörder, Judenknechte und Gott weiß was.
Und es sah schon so aus, als ob sie übereinander herfallen wollten

und als ob es Mord und Totschlag geben würde
da
sahen sich die Grauen und die Braunen
plötzlich ganz vertraulich an
gaben sich die Hand: So!
und sagten:

Warum können wir uns nicht vertragen?
Warum sollen wir uns selber schlagen?
Das tut schließlich nur uns selber weh!
Statt uns miteinander zu verkrachen
suchen wir uns lieber einen Schwachen
und verprügeln ihn gemeinsam
mit Juchheiserassa und Juchhe!

Chor:
mit Juchheiserassa und Juchhe!

Sprecher:
Und dann schlugen alle im Verein
auf den armen kleinen Jakob ein
bis sie die Puste verloren
und das Licht ausging.
Da kroch der kleine Jakob auf allen Vieren ins Freie
und versteckte sich irgendwo und heilte seine Wunden
so gut es ging.

Und dann zog er wieder ohne Geld
ein Stück weiter in die weite Welt.

Und die Else hat er nie mehr wiedergesehn.

III

Sprecher:
So kam er schließlich an die holländische Grenze.
Da stand ein großer Mann in Uniform
und fragte wo er hin wollte.
Und der kleine Jakob sagte: Wo anders hin.
Der Mann aber sah ihn von oben bis unten an
fragte ihn nach Papieren und Geld
und als der kleine Jakob gar nichts vorzeigen konnte
da sagte er: Hier kannst du nicht herein.
Und als der kleine Jakob bettelte und sagte:
Wenn ich wieder zurückmuß, da schlagen sie mich tot
da sagte er: Armer kleiner Jakob
so leid es mir tut, hier kannst du nun mal nicht herein!

Das ist gegen die Regulationen. Und deinesgleichen
wollen wir hier überhaupt nicht, so leid es mir tut.
Aber wenn du willst
könn' wir dich über die Grenze nach Belgien schaffen
vielleicht behalten *die* dich.
Da sagte der kleine Jakob: Ja.

Chor:
Und so wurde er also heimlich bei Nacht
über die Grenze nach Belgien gebracht.

Sprecher:
Da stand er nun in einem großen dunklen Walde und fürchtete sich ein bißchen.
Denn er wußte ja gar nicht wohin er gehen sollte
und es regnete und Hunger hatte er auch.
Aber als er ein paar Schritte gegangen war
da stand schon wieder ein Mann in Uniform
klein, mit schwarzem Schnurrbart, der schrie: Halt, wer da?
Und als er den kleinen Jakob erkannte, da sagte er:
Du bist heute schon der dreiundzwanzigste!
Wenn ich nur diesen Holländer mal erwischen könnte
der euch herüberschmuggelt.
Aber als er sah daß der kleine Jakob hungrig war
da gab er ihm ein Stück Brot
und als er sah daß ihm kalt war
da gab er ihm seinen Mantel
denn er hatte im Grunde ein mitleidiges Herz.
Und dann warf er ihn in das Gefängnis zu den anderen zweiundzwanzig.
Da lag nun der kleine Jakob
und fühlte sich ganz wohl
denn es war wenigstens nicht so naß
und zu essen bekam er auch.
Aber er konnte da nicht lange bleiben

Chor:
denn er wurde schon in der folgenden Nacht
über die Grenze nach Holland zurückgebracht.

Sprecher:
Als er da ein paar Schritte gegangen war
da stand schon wieder der Holländer und sagte:
So leid es mir tut, hier kannst du nun mal nicht bleiben.

Chor:
Und dann wurde er in der folgenden Nacht
wieder nach Belgien zurückgebracht.

Sprecher:
So flog er wie ein Spielball immer hin und her
und der kleine Jakob fürchtete sich ein bißchen und dachte:
Wenn ich es nur aushalte! Wenn ich es nur aushalte!
Aber eines Nachts
kam der Belgier grade dazu
wie der Holländer ihn in den dunklen Wald brachte.
Da zankten sich die beiden
und schrien auf einander ein.
Und der Holländer sagte: Du hast angefangen!
Und der Belgier sagte: Du hast angefangen!
Und sie schrien und schimpften und tobten so laut
daß der Mond sich hinter den Wolken versteckte.
Aber als es gerade so aussah, als ob es Mord und Totschlag geben würde
und als der kleine Jakob schon zu fürchten begann
sie würden sich etwas zu leide tun
da
sahen sich die beiden plötzlich ganz vertraulich an
gaben sich die Hände: So!
und sagten:

Warum können wir uns nicht vertragen?
Warum sollen wir uns selber schlagen?
Das tut schließlich nur uns selber weh!
Statt uns miteinander zu verkrachen
suchen wir uns lieber einen Schwachen
und verhauen und verdreschen
und verprügeln ihn gemeinsam
mit Juchheiserassa und Juchhe!

Chor:
mit Juchheiserassa und Juchhe!

Sprecher:
Und dann schlugen beide im Verein
auf den armen kleinen Jakob ein

Chor:
und dann schlugen beide im Verein
auf den armen kleinen Jakob ein

Sprecher:
bis ihnen die Puste ausging
und bis da schließlich auch nicht mehr viel zu schlagen war.
Dann wurde der kleine Jakob von dem Belgier
an die französische Grenze gebracht.
Und so zog er wieder ohne Geld
ein Stück weiter in die weite Welt

Chor:
und so zog er wieder ohne Geld
ein Stück weiter in die weite Welt.

IV

Sprecher:
So kam er schließlich nach der großen Stadt Paris.
Da ging er in den Straßen umher und staunte
über die vielen fröhlichen Menschen
die vor den Cafés bei den Koksöfen saßen
und fühlte sich sehr allein
denn er konnte gar nicht froh sein
und er fror und hungerte.
Nur in den Asylen wo er schlief
da fand er viele die waren wie er
blaß mit schäbigen Kleidern und unrasiert.
Sie spielten Karten und erzählten sich
wie es ihnen ergangen war
bis der Wärter das Licht auslöschte.

Aber dann wurde es Frühling. Im Luxemburg-Garten
kamen die gelben Narzissen ans Licht.
Die Luft duftete nach Sonne, jungen Blättern und Aperitifs
und eines Mittags als er auf einer Bank
mit einem jungen Mädchen zusammensaß, da sprach er sie an.
Sie plauderten vom Wetter und sahen daß sie sich gern hatten.
Sie blieben beieinander bis zum Abend
und tanzten zusammen in einem kleinen rauchigen Lokal
und sagten Du zueinander.

Da begann er sich wohl zu fühlen in den schmalen Hotelzimmern
unter den Dächern von Paris
und lernte viele Menschen kennen, die waren sehr freundlich zu ihm
und halfen ihm und machten ihm Komplimente
und große Firmen gaben ihm Aufträge
für Plakate und Modeentwürfe
und er fing bereits an sich einen Namen zu machen

Da holte ihn die Polizei
weil er keine Arbeitserlaubnis hatte
und sperrte ihn ins Gefängnis.
Und als kurz darauf der große Krieg ausbrach
zwischen Deutschland und Frankreich und England
wurde er mit vielen seinesgleichen in ein Lager geschafft.

Da hungerte er sehr, denn es gab gewöhnlich
nur Kartoffelsuppe, Kaffee und Brot.
Sie machten sich Spielkarten
aus alten Kartons
und kneteten sich Schachfiguren
aus altem Brot
und wenn es regnete
dann rann der Schmutz in ihre Hütten.
Die grauen Ratten kamen aus ihren Löchern
und fraßen was sie konnten.

Und dann eines Tages
hörte man das Trommelfeuer
der großen Kanonen in der Ferne.
Die Offiziere wurden böse und aufgeregt
und drohten mit Revolvern, wenn
einer zu nahe ans Gitter kam.
Dann ratterten ganz in der Nähe Maschinengewehre
Flugzeuge kreisten niedrig über dem Lager.
Zweihundert Schritte von seinem Eingang erschien
auf Motorrädern eine Handvoll Deutscher
und forderte
daß man ihnen die Insassen übergab...

Da weigerten sich die Franzosen.
Sie sammelten sich um ihre Maschinengewehre
und einige rückten gegen die Deutschen vor.
Aber als es gerade so aussah
als wollten die Franzosen sich zur Wehr setzen
und als würde es ein blutiges Gefecht geben
da traten auf beiden Seiten die Offiziere hervor
winkten beruhigend ihren Soldaten, gingen
ernst in gemessenem Schritt auf einander zu
grüßten
schlugen die Hacken
und dann
sahen sie sich plötzlich ganz vertraulich an
gaben sich die Hände: So!
und sagten:

Warum sollen wir uns nicht vertragen?
Warum wollen wir einander schlagen?
Das tut schließlich nur uns selber weh!
Statt uns miteinander zu verkrachen
suchen wir uns lieber einen Schwachen
und verhauen und verdreschen
und verprügeln ihn gemeinsam
mit Juchheiserassa und Juchhe!

Chor:
mit Juchheiserassa und Juchhe!

Sprecher:
Und dann schlugen beide im Verein
auf die Leute in dem Lager ein

Chor:
und dann schlugen beide im Verein
auf die Leute in dem Lager ein

Sprecher:
bis ihnen die Puste ausging
und bis da schließlich auch nicht mehr viel zu schlagen war.
Französische Wachen versteckten am Abend
den Jakob und einige andre im Ufergebüsch
sie brachten sich nachts mit ihnen zusammen in Sicherheit.

Und dann zog der Jakob ohne Geld
wieder ein Stück weiter in die Welt

Chor:
und dann zog der Jakob ohne Geld
wieder ein Stück weiter in die Welt.

V

Sprecher:
Ja, liebe Leute, dieses ist
die wahre Geschichte von dem armen Jakob.
Er wanderte von Land zu Land
über die weite Erde hin
ruhte hier ein wenig, rastete dort eine Weile
aber er konnte nirgends lange bleiben.
Denn immer wenn die Unruhe unter den Völkern wuchs
wenn sie sich lauter und lauter bedrohten mit Tod und Zerstörung
gefangen im Dickicht ihres gegenseitigen Hasses
wie Fische im Netz
dann war er unter den ersten den sie schlugen.
Und er mußte weiterwandern
vorbei an den anderen die noch ruhig vor ihren Häusern saßen
und er sagte ihnen, sich bereit zu halten für das Ungewitter das im Kommen war.
Aber die Menschen hörten ihn nicht. Denn er war ja machtlos
und ein Geschlagener.

Furchen zogen über sein Gesicht und Narben über seinen Leib
und sein Haar wurde grau.

Aber die Augen blieben klar
und stark auf ihre Weise
denn er hatte Vieles gesehen:
die Menschen von innen, Schläger und Geschlagene
ohne ihre Verhüllungen.
Und es gab nur noch wenig vor dem ihm schauderte.

Da redete er nicht mehr viel. Die kleinen Falten
zogen sich fester um seinen Mund.
Nur manchmal
wenn er für Monate gefangen saß mit anderen Geschlagenen
oder an Deck eines Schiffes
auf der Reise
nach einem unbekannten Land
oder auch
in einer der kleinen Tavernen am Rande der südlichen Städte
wo man die warmen Nächte hindurch
billigen Wein trank und Geschichten erzählte und Lieder sang
da begann er manchmal zu erzählen:
von den Erschlagenen und von denen die sich gerettet hatten
von den Liebesleuten, die auseinandergerissen wurden und sich nie mehr fanden
und von denen die verschickt wurden
ohne zu wissen wohin.

Er erzählte von Feinden und wie sie zu bekämpfen, denn so ist unsere Erde
aber ohne Bitterkeit
und daß auch sie Getriebene sind wie wir alle
und im Grunde ohne Schuld.
Er erzählte von den Menschen und wie er Gefallen an ihnen fand
auch ohne ihre Masken
kunstfertig wie sie waren und verspielt und arbeitsam
faul und verträumt und grausam, große Kinder
wenn man sie spielen ließ
und wilde Tiere wenn die Furcht sie packte
und die Wut über sie kam
und am nächsten noch den andren Menschen auf die er wartete
wenn sie ganz machtlos waren
oder teilten die Macht.

So erzählte er bis zum Morgengrauen.
Und sang ihnen Lieder und trank den Wein
und wenn sie unruhig wurden und in Unmut
zu raufen begannen: über Äpfel oder ein Fäßchen Wein
dann redete er ihnen zu sich zu vertragen
und sich die Hände zu geben: So!
und er sprach zu ihnen und sagte:

Warum können wir uns nicht vertragen?
Wir haben nichts als uns.
Warum sollen wir uns selber schlagen
und wehtun?
Diese Erde hat genug des Guten
Früchte, Wein und Korn
warum solln die Schwächeren im Zorn
der Stärkeren verbluten?

Raufen wir uns um ein Faß voll Wein
bricht das Faß in Trümmer, hat am Ende keiner was
schenket friedlich ein
jeder kriegt ein Glas.

Da sangen sie alle und tranken
und der alte Jakob freute sich der Menschen so wie sie waren
bald gut, bald schlecht, wie es die Zeitläufe brachten.
Aber am Morgen machte er sich wieder auf seinen Weg
und wenn sie ihn nicht totgeschlagen haben

Sprecher und Chor:
wandert er noch immer ohne Geld
ein Stück weiter um die weite Welt.

Originale der Nachdichtungen, mit Fundort

Fleur Adcock, »Advice to a discarded lover«,
in: *Selected Poems.*
Oxford: Oxford University Press 1983, S. 15-16.

Fleur Adcock, »Miss Hamilton in London«,
in: ebd., S. 9.

Louis Aragon, »Le temps des mots croisés«,
in: *Le crève-cœur.*
Paris: Gallimard 1946, S. 14-16.

William Blake, »When Klopstock England defied . . .«,
in: *The Complete Writings,* ed. by Geoffrey Keynes.
London: Nonesuch Press 1957, S. 186-187.

Thomas Stearns Eliot, »Little Gidding II«,
in: *Collected Poems 1909-1962.*
London: Faber & Faber 1970, S. 216.

Thom Gunn, »Carnal knowledge«,
in: *Fighting Terms.*
Swinford: Fantasy Press 1954, S. 9.

Thomas Hardy, »Afterwards«,
in: *The Variorum Edition of the Complete Poems,* ed. by James Gibson.
London: Macmillan 1979, S. 553.

Marcabru, Gedicht XXXII,
in: *Poésies complètes,* hrsg. von J.-M.-L. Dejeanne.
Toulouse: Privat 1909, S. 152.

Peter Potter, »Bei einer Trauung«,
in: *English Subtitles.*
Oxford: Oxford University Press 1981, S. 16.

Dylan Thomas, »The force that through the green fuse drives the flower«,
in: *Collected Poems 1934-1952.*
London: Dent 1959, S. 9.

Inhalt